Hochbegabung
bei Kita-Kindern

Bettina Zydatiß

Die
SCHNELLE
Hilfe!

W0104057

Cornelsen

Aus Gründen der besseren Lesbarkeit wird in diesem Buch durchgehend die weibliche grammatische Form verwendet. Natürlich sind damit auch immer Männer gemeint, also Kita-Leiter, Erzieher usw.

Die kleinen Hefte jetzt auch als Hörbuch. Für eine Hörprobe hier scannen:

Für weitere Infos schauen Sie unter http://cclive.net/cds/_main/kleine-Hefte.htm

Lektorat: Mareike Kerz Lektorat & mehr, Mainz
Umschlaggestaltung: Ungermeyer, grafische Angelegenheiten, Berlin
Layout / technische Umsetzung: LemmeDESIGN, Berlin
Umschlagfoto: Fotolia / © Vadim Guzhva

www.cornelsen.de

1. Auflage 2017

Druck: AZ Druck und Datentechnik GmbH, Kempten

ISBN 978-3-589-15393-0

PEFC zertifiziert
Dieses Produkt stammt aus nachhaltig bewirtschafteten Wäldern und kontrollierten Quellen.

www.pefc.de

PEFC/04-31-2260

Inhalt

Ein paar Worte vorab

Warum Hochbegabung uns beschäftigt ...

Sie halten dieses Buch in den Händen, weil Sie vermuten, dass Sie vom Thema Hochbegabung in irgendeiner Form betroffen sind. Vielleicht haben Sie ein Kind, das sich schneller entwickelt als Gleichaltrige und Sie mit logischen Schlussfolgerungen, altersuntypischer Sprache und Themen überrascht. Oder Sie hören von anderen, dass diese Ihr Kind ungewöhnlich finden. Oder Sie sind Erzieherin eines Kindes, das sich mit seinem Verhalten von den anderen unterscheidet. Als Kita-Erzieherin begegnen Ihnen über die Jahre viele Kinder, so können Sie vermutlich recht genau einschätzen, wie sich Kinder eines bestimmten Alters »üblicherweise« verhalten, wie sie sprechen usw. Eltern fehlt dieser Vergleich häufig, sie sind vertraut mit ihrem Kind und können nicht unbedingt beurteilen, ob es »typisch« oder »anders« ist als Altersgenossen.

▶ *Eine Mutter besucht mit der dreijährigen Anna eine alte Dame in deren Wohnung. Dort steht ein ovaler Tisch, den die Kleine so bezeichnet. Die alte Dame wundert sich, dass Anna dieses Wort kennt, und fragt die Mutter danach. Sie sagt: »Na ja, wahrscheinlich habe ich das Wort in ihrem Beisein schon benutzt, daher kennt sie es.« Ihr ist nicht bewusst, dass die meisten Dreijährigen nicht so sprechen wie ihre Tochter und sich den Begriff für eine geometrische Form nicht merken, wenn er mal beiläufig erwähnt wird.* ◀

Unsere Assoziationen mit dem Begriff Hochbegabung

Seit 2003 berate ich Familien mit besonders begabten Kindern oder solche, die mit der Frage zu mir kommen, ob die beobachteten Anzeichen mit dem Thema Hochbegabung zu tun haben. Wie mir scheint, gibt es für die meisten Menschen vor allem zwei Arten von Assoziationen mit dem Thema Hochbegabung: Wunderkinder und Problemfälle. Als 2. Vorsitzende der Deutschen Gesellschaft für das hochbegabte Kind e.V. (DGhK) bekomme ich öfter Anfragen von Journalisten der Printmedien sowie von Funk und Fernsehen. Man wünscht sich Kontakt zu Familien und Kindern mit besonderen Geschichten, sei es spektakulär im Sinne von genial oder in irgendeiner Hinsicht problematisch. Diese Art von Berichterstattung prägt aus meiner Sicht nicht unwesentlich die Sicht der Gesellschaft auf Hochbegabte. Die »ganz normalen« Hochbegabten, die ihr Potenzial nutzen und in der Schule, im Studium, im Beruf und im Leben mit ihren Möglichkeiten gut zurechtkommen, sind wenig von Interesse. Dabei gibt es meiner Einschätzung nach davon viele, nur machen sie nicht viel von sich reden. Sie haben meistens ein sehr gutes Gedächtnis, verstehen Sachverhalte schnell und können logische Schlüsse ziehen. Häufig interessieren sie sich für viele, auch altersuntypische Themen und verfügen über Fachwissen in bestimmten Bereichen. Sie sind zumeist einfallsreich im Finden von Lösungen, in ihrer kognitiven Entwicklung Gleichaltrigen voraus und suchen besonders im Kindesalter oft

Kontakt zu Älteren und Erwachsenen. Einen für mich sehr wichtigen Aspekt will ich hier schon einmal nennen: Was begabte Menschen erfolgreich macht, ist aus meiner Sicht nicht nur ihre überdurchschnittliche Intelligenz, sondern auch Faktoren wie Anstrengungsbereitschaft, Frustrationstoleranz, Durchhaltevermögen, Arbeitsorganisation und Disziplin. Ich meine, es trägt in den meisten Fällen dazu bei, dass hohes Potenzial erfolgreich genutzt wird.

In diesem Buch möchte ich Ihnen als Eltern oder Pädagoginnen Hinweise geben, wie Sie dazu beitragen können, dass begabte Kinder sich gut entwickeln. Ich halte es für wichtig, allen Kindern zu helfen, ihre individuellen Hürden zu überwinden und nicht, sie ihnen aus dem Weg zu räumen. Entscheidend finde ich, dass Kindern ihre Begeisterung zu lernen und die Welt zu erkunden erhalten bleibt, sie sich selbstbewusst Herausforderungen stellen, keine Angst vor Fehlern haben, sich von Misserfolgen nicht entmutigen lassen und mit Ausdauer und Durchhaltevermögen bei der Sache bleiben. An dieser Stelle möchte ich daher noch einmal unterstreichen, dass aus meiner Sicht besondere Begabung nicht automatisch mit Problemen einhergeht. Besonders begabte Menschen haben eine sehr gute Ausgangsbasis, ihr Leben erfolgreich zu meistern. In aller Regel sind Hochbegabte keine Wunderkinder, diese sind rar. Mit ihnen habe ich bisher keine Erfahrung, in 13 Jahren Beratungstätigkeit ist mir keines begegnet. Insofern möchte ich hier anmerken, dass ich es als problematisch ansehe, wenn Erwachsene, die per IQ-Test von der Hochbegabung eines Kindes erfahren, nun denken, sie hätten ein Wunderkind vor sich. Eine entsprechende Diagnostik kann ohne begleitende Beratung durch eine kompetente Person z. B. zu überhöhten Leistungserwartungen führen, Eltern können Ängste entwickeln, für ihr Kind nicht die nötige Förderung zu gewährleisten, oder nicht akzeptables Verhalten damit erklären und entschuldigen.

Die meisten von mir aufgeführten Praxisbeispiele nehme ich aus den Zusammentreffen mit Kindern, die mir vorgestellt wurden, weil die Eltern sich eine Beratung zum Thema Hochbegabung wünschten.

Gut zu wissen

Wodurch begabte Kinder uns auffallen

Mitdenken, Konzepte verstehen

Besonders Begabte fallen häufig im Kleinkindalter durch komplexe Sprache, ein sehr gutes Gedächtnis und die Fähigkeit auf, Rückschlüsse aus dem zu ziehen, was sie schon erfahren, gehört und verstanden haben.

▶ *Der englischsprachige vierjährige Liam fragt, was Menschen tun, die keine Waschmaschine besitzen. Die Mutter erklärt ihm, dass manche dann ihre Sachen mit der Hand waschen, die Waschmaschine einer anderen Person benutzen oder in einen Waschsalon gehen. Für Waschsalon benutzt sie das Wort »laundrette«. Liam will wissen, wie es in einer laundrette aussieht. Sie erklärt, dass dort viele Waschmaschinen nebeneinander stehen und man Geld einwirft, damit sie funktionieren. Drei Wochen später fahren die beiden im Dunkeln im Auto an einem Waschsalon vorbei. Aufgeregt ruft Liam von hinten: »Mummy, this must be a laundrette.« (Mama, das muss ein Waschsalon sein.) Nicht nur hatte er durch die Erklärung der Mutter das Konzept verstanden und konnte sich vorstellen, wie ein Waschsalon aussieht. Nach mehreren Wochen hatte er im Vorbeifahren noch den passenden Begriff parat, der im Englischen nicht einmal das Wort waschen beinhaltet. Das ist aus meiner Sicht eine ungewöhnlich abstrakte Leistung für ein Kind diesen Alters. Vielleicht kennt er das Wort »laundry« (Wäsche) und kann es davon ableiten.* ◀

▶ *Der Vater hat dem Vierjährigen mal erklärt, dass Motor und Tank eines Fahrzeuges wegen der Explosionsgefahr an entgegengesetzten Enden angebracht sind. An der Tankstelle beobachtet der Junge, wie ein Fahrer seinen VW-Käfer vorn betankt. Er denkt eine Weile nach und sagt dann: »Papa, bei dem Auto muss der Motor aber hinten sein.«* ◀

Entwicklungsvorsprung

Solang Kinder im Kita-Alter sind, ist es aus meiner Sicht nicht hilfreich, von Hochbegabung zu sprechen. Wodurch sie in aller Regel auffallen, ist ihr **kognitiver Entwicklungsvorsprung** im Vergleich zu Altersgenossen und ihr frühes Interesse an Themen, die für Gleichaltrige nicht zu passen scheinen. Oft interessieren sie sich z. B. vor Schuleintritt für Buchstaben, Zahlen, das Lesen der Uhr usw.

▶ *Eine Vierjährige kommt zu mir zum Spielen. Die Mutter hat mir schon am Telefon gesagt, dass ihre Tochter Lisa fließend lesen kann. In meiner Praxis liest sie dann auch unaufgefordert von einer Postkarte an der Pinnwand: »Unterricht und Spaß dabei!« Von einem Blechschild auf einem Stapel Bücher an der Wand kann sie aber wegen ihrer Größe nur die erste Zeile sehen: »Interdit de me doner des ordres« (Verboten, mir Befehle zu erteilen). Lisa:. »Was heißt denn ›interdit‹?« Klar ist, sie kann nicht nur bekannte Worte lesen, sondern auch solche, die ihr noch nie begegnet sind, in diesem Fall sogar ein französisches, das sie gar nicht versteht.* ◀

Was kleine Frühleser angeht, finde ich entscheidend, auf welche Weise das Kind seine Kenntnisse erwirbt. Wird das Wissen von einem Erwachsenen gelehrt oder hat das Kind die Möglichkeit, sich selbst das Lesen zu erschließen? Eltern sagen mir, dass ihre Kinder beim Vorlesen mit dem Finger mitverfolgen, wo gelesen wird, nach Buchstaben und Worten im Stadtbild fragen, mit Magnetbuchstaben Kombinationen legen, die andere lesen sollen etc. Wenn ein Kind sich früh für das Lesen interessiert, wäre es aus meiner Sicht unzuträglich, seinen Enthusiasmus zu bremsen und es auf die Schule zu vertrösten. Die Botschaft der Eltern wäre eindeutig: »Wir wollen jetzt nicht, dass du lesen lernst.« Auch glaube ich, dass etwas, das verwehrt wird, umso attraktiver erscheint und es umso schwerer wird, das Kind von seiner Absicht abzubringen. Nicht grundlos wird befürchtet, dass sich das Kind in der Schule langweilen wird, wenn es schon lesen kann. Ich rate Eltern, nicht als »Lehrer« zu fungieren, sondern dem Kind eine Anlauttabelle zu geben, die Verwendung zu erklären und es danach damit agieren zu lassen, wenn es selbst möchte. Dort finden sich Bilder, die zeigen, mit welchem Anlaut das Wort beginnt, z. B. ein Apfel für A, eine Maus für M. Es ist wichtig, die Anlaute zu benennen und nicht die Buchstaben (nicht en, ge oder ka!). Es sind die wichtigsten Vokale und Konsonanten mit großen und kleinen Buchstaben abgebildet. Ein Kind, das sich wirklich interessiert, kann sich mit der Tabelle das Lesen selbst beibringen. Es sucht die Buchstaben eines Wortes und zieht die Anlaute zusammen, sodass sie einen Sinn ergeben. Das ist mühevoll und wie ich finde ein gutes Indiz dafür, ob das Kind wirklich lesen lernen will und bereit ist, sich dafür anzustrengen. Ein

Kind, das andere immer fragen kann: »Mama, was steht denn hier?«, »Papa, was ist das für ein Buchstabe?« muss sich gar nicht mühen, bekommt alle Fragen beantwortet. Wahrscheinlich lernt es so schneller lesen. Der andere Weg ist für mich in jedem Fall der bessere: Das Kind lernt, es kann mit Ausdauer etwas bewirken, ist unabhängig von anderen und kann selbst am Ende mit seinem Erfolg zufrieden sein. Wird es auf diese Weise vor Schuleintritt zum Frühleser, können Eltern mit Fug und Recht sagen, dass sie nicht als Lehrer fungiert haben, sondern das Kind nur die Möglichkeit hatte, sich das Lesen selbst beizubringen und davon Gebrauch gemacht hat. Mit einer Anlauttabelle kann man auch lautierend (nicht orthografisch korrekt) schreiben. Meist werden anfangs die Vokale weggelassen, Konsonanten lassen sich besser aus einem Wort heraushören. Diese Schreibversuche kann man in der Regel durchaus entziffern. Auf diesem Weg üben die Kinder mit dem Stift in der Hand koordiniert etwas zu Papier zu bringen, haben gleichzeitig Spaß und sind zufrieden mit ihrem Produkt.

Altersuntypische Themen und Interessen, ausdrucksvolle Sprache

Für Familien, die zu mir kommen, habe ich einen Erhebungsbogen für Erzieherinnen und Lehrerinnen, in dem das Lern-, Arbeits- und Sozialverhalten der betroffenen Kinder beschrieben werden kann. Viele Erzieherinnen erwähnen die ungewöhnlich komplexe und grammatisch korrekte Ausdrucksweise.

Früher als Altersgleiche formulieren diese Kinder Haupt- und Nebensatzstrukturen, benutzten ungewöhnliche Adjektive und Verben. Es kommt vor, dass sie dann von den anderen gar nicht verstanden werden und Altergenossen sich in Spielsituationen überfordert fühlen. Manche halten sich die Ohren zu, um dem beredten Kameraden nicht weiter zuhören zu müssen. Dem wortgewaltigen Kind selbst ist meist gar nicht bewusst, dass andere mit seiner Wortwahl nichts anfangen können. Es kann sich nicht vorstellen, dass die anderen mit bestimmten Themen nicht in Berührung gekommen sind.

▶ *Beim Besuch im Technikmuseum am Wochenende mit dem Opa erzählt dieser dem dreieinhalbjährigen Ben, dass es in seiner Kindheit auf dem Lande für den Einsatz auf den Feldern Lokomobilen gab. Das waren dampfbetriebene Fahrzeuge, die ohne Schienen fahren konnten. Der Enkel ist fasziniert. Er merkt sich den Begriff und das Konzept. Am Montagmorgen in der Kita versucht er, eine Lokomobile zu malen. Beim Versuch, mit einem anderen Kind darüber ins Gespräch zu kommen, stößt er auf Unverständnis. Ben ist nicht klar, dass das Wort »Lokomobile« für sie gar keinen Sinn ergibt.* ◀

Viele der Kinder, die mir begegnen, interessieren sich viel früher als ihre Altersgenossen für so abstrakte Dinge wie Buchstaben, Hausnummern, Symbole von Automarken, Autokennzeichen, die Uhrzeit, Planeten, Fossilien, Hieroglyphen, Atome, Schachzüge, geometrische Figuren, das Weltall, den Tod, Meerestiere usw. Dass die Kinder mit diesen Themen in Kontakt kommen, liegt natürlich auch an den Personen, die das Kind betreuen.

Welches sprachliche Vorbild sie bieten, ob sie auf Fragen ein-
gehen, wie sie Sachverhalte erklären, was für Bücher sie vorlesen, welche Museen, Theaterstücke und Ausstellungen sie
besuchen usw. hat einen Einfluss darauf, welche Türen der Welt
sich für ein Kind öffnen. Ein Schulanfänger, der nicht ins Planetarium geht und auch kein Sachbuch über das Weltall in die
Hände bekommt, wird sich nicht für das Planeten-System interessieren können. Andererseits kommt keineswegs jedes sechsjährige Kind am Wandertag begeistert aus dem Planetarium,
möchte sofort das »Was-ist-was«-Buch ausleihen und den
Jupiter mit seinen Ringen malen. Da unterscheiden sich die
besonders Begabten meiner Erfahrung nach von den meisten
anderen. Überambitionierten Eltern wird es daher nicht gelin-
gen, in einem Kind nachhaltiges Interesse zu wecken, für das
diese Themen zu abstrakt und kompliziert sind. Bei anderen
fällt der Besuch der Sternwarte dagegen auf fruchtbaren Boden
und das Thema »Weltraum« wird weiter mit Hingabe verfolgt.

▶ *Eine Mutter erzählte mir die Geschichte ihrer Zweijährigen, die
sich am Abend im Restaurant zutrug: Klara sitzt im Hochstuhl und
der Kellner wendet sich leutselig an das Kleinkind, in der Erwar-
tung, von den Eltern eine Antwort zu erhalten: »Und, was möchte
die junge Dame essen?« Die Kleine antwortet ihm selbst und konstatiert: »Im Prinzip möchte ich ein Ei.« Warum im Prinzip? Das
Mädchen denkt, Eier gibt es nur zum Frühstück und erwartet nicht,
dass seine Bestellung Erfolg hat, daher wählt es diese Formulie-
rung, so die Erklärung der Mutter.* ◀

Gut zu wissen   Bei einer unerkannten Höreinschränkung wird der Spracherwerb eher verzögert sein. Auch kann ein Kind mit älteren Geschwistern sich auf die Rolle zurückziehen, andere für sich sprechen zu lassen. Frühe Sprachkompetenz ist also kein eindeutiges Indiz für besondere Begabung, kann aber ein Hinweis darauf sein. Viele Kinder mit Entwicklungsvorsprung, die mir in meiner Praxis begegnen, verfügen über umfangreiches Detailwissen zu bestimmten Themen. Sie kennen Fachbegriffe aus der Tierwelt, können z. B. verschiedene Arten von Walen unterscheiden oder kennen sich mit Pilzarten oder den verschiedenen Waffen der Ritter aus.

Wissensdurst

Eltern berichten mir oft, dass ihre Kinder ihnen den ganzen Tag »Löcher in den Bauch fragen«. Es interessiert sie, wie Dinge funktionieren, sie wollen Erklärungen, warum Dinge so sind, wie sie sind, beschäftigen sich mit philosophischen Fragen wie Leben und Tod. Die Befragten geben sich meist große Mühe, die vielen Fragen kindgerecht zu beantworten, wälzen Bücher, konsultieren das Internet usw. Es kann großen Spaß machen, klugen und interessierten Kindern die Welt zu erklären. Manch einer fühlt sich dadurch aber auch zeitlich und inhaltlich überfordert. Von Eltern höre ich, dass sie sich in der Pflicht sehen, ihren Kindern rund um die Uhr mit Antworten zur Verfügung zu stehen. Sie glauben, dass keine Frage unbeantwortet bleiben darf, damit sich ihr Kind gut entwickeln kann. Ich stimme zu, dass der Wissensdurst von Kindern gestillt werden sollte. Vor allem aber glaube ich, dass es gilt, frühzeitig Strategien zu vermitteln, die das Kind befähigen, sich selbst Informationen zu beschaffen. Daher kann ein wissbegieriges Kind nicht früh genug lernen, wo es passende Bücher im Katalog oder den Regalen der Stadtbücherei findet, wie es im Inhaltsverzeichnis eines (Kinder-)Lexikons nachschlägt und welche zuverlässigen Quellen es im Internet gibt. Für Kita-Kinder vor dem Lesealter sind aber die Eltern gefragt. Manch eine Antwort der Erwachsenen zu einem Sachverhalt führt sofort zur nächsten Frage, sodass sich die Kette aus Sicht des Kindes endlos fortsetzen ließe. Damit hat es auch eine Möglichkeit gefunden, die Aufmerksamkeit der Erwachsenen zu binden. Ich bin der Meinung, dass es in den Aufgabenbereich der Erwachsenen fällt, kleinen Kindern zu vermitteln, dass andere Menschen auch Grenzen haben, dass sie nicht ununterbrochen zur Verfügung stehen und sich manche Situationen für inhaltsschwere Themen nicht eignen. Ein auf den Berufsverkehr konzentrierter Vater »darf« die Frage, warum morgens die Sonne aufgeht, mit gutem Gewissen auf später verschieben. Vor allem in der Familie, aber auch in der Kita, können Kinder Empathie lernen und verstehen, dass andere Menschen auch mal Ruhe brauchen. Kleine Kinder können anfangs nur ihre eigenen Bedürfnisse wahrnehmen, sie sind ganz auf sich bezogen. Das ist völlig normal und altersgemäß. Es ist Aufgabe der Erwachsenen, Kindern zu vermitteln, dass ihre Bedürfnisse ernst genommen werden und dass die Bedürfnisse anderer Menschen genauso wichtig sind wie die ihren. Überforderte Eltern, mit denen ich darüber gesprochen habe, waren erleichtert zu erfahren, dass es für niemanden zuträglich ist, wenn ein Kind zu jeder Tages- und Nachtzeit mit Fragen die Aufmerksamkeit von Erwachsenen bindet. Kinder, die zu Hause immer sofort auf alles Antworten bekommen und ihre Eltern damit viel beschäftigen, werden es in der Kita schwer finden, dass Erzieherinnen mal keine Zeit haben, weil sie sich um viele Kinder kümmern. Nun finde ich es nicht hilfreich, das Kind entnervt anzuweisen, seine »dauernde Fragerei« einzustellen und sich endlich mal allein zu beschäftigen.

Damit ein Kind den Wünschen anderer Folge leisten kann, ist es wichtig, dass es sich verstanden und nicht abgelehnt bzw. verletzt fühlt und eine vernünftige Erklärung bekommt. Das könnte so klingen: »Du willst mir am liebsten noch ganz viele Fragen stellen, und ich möchte jetzt nicht über Antworten nachdenken. Ich koche jetzt Mittagessen.«

Willensstärke und Strategien

Zu den möglichen Strategien, die kluge Kinder anwenden,
gehört, dass sie ihre komplexe Sprache und Überzeugungskraft
nutzen, Dinge, die sie nicht sofort schaffen, an andere Personen zu delegieren. Dabei kann es sich um das Öffnen einer
Dose, das Malen eines Elefanten oder das Ansprechen eines
anderen Kindes handeln. Wenn Kinder ihre Bitte angemessen
vortragen, sind Erwachsene häufig sehr geneigt, diese Aufgaben zu übernehmen. Dass Kinder diese Vorgehensweise wählen, finde ich ganz verständlich, es ist für sie der einfachste
Weg. Kleine Kinder haben ja noch nicht die Erfahrung, dass sie
Dinge lernen können, wenn sie es nur oft genug versuchen und
sich nicht entmutigen lassen. Gerade kluge Kinder erfahren ja
im Vergleich zu Gleichaltrigen, dass ihnen vieles gleich gelingt
und in vielerlei Hinsicht ohne Bemühung zufällt. Zum Teil werden sie von den Erwachsenen dafür noch besonders gelobt,
was ich für die Entwicklung von Kindern gar nicht hilfreich finde. Wenn vieles sozusagen von allein klappt, ist es für das Kind
schwer zu ertragen, wenn Dinge, wie z. B. das Schuhe-Zubin-
den oder das Ausmalen ohne über den Rand zu kommen, nicht
sofort glücken. Eltern hören dann häufig frustrierte Ausbrüche
und die Sachen werden wütend in die Ecke geworfen. Da stehen die noch nicht ausreichend entwickelten Fähigkeiten des
Kindes und mangelnde Frustrationstoleranz in Diskrepanz zu
dem eigenen Anspruch und den Erwartungen. Die Hände können sozusagen noch nicht, was sich der Kopf vorstellt. Ich glau-

be, Eltern erweisen ihrem Kind keinen guten Dienst, wenn sie Aufgaben übernehmen, die es auch selbst schaffen kann. Sonst lernt es zu delegieren und nicht, es selbst zu tun. Was aus meiner Sicht zu besonderen Schwierigkeiten führt ist, wenn die Eltern ihrerseits versuchen, das Kind zu überreden oder zu überzeugen, Dinge selbst in Angriff zu nehmen. Dann gibt es einen Machtkampf: Das Kind will delegieren, die Erwachsenen wollen das Kind zur Selbstständigkeit bringen.

Über die Jahre sind mir viele Kinder begegnet, die früh verstanden haben, dass Erwachsene nur begrenzte Mittel zur Verfügung haben, Kinder zu etwas zu zwingen, bzw. dass Eltern selbst unsicher sind, ob sie Machtmittel überhaupt einsetzen sollten. Je nach ihrem jeweiligen Erziehungskonzept versuchen Väter und Mütter es mitunter mit Belohnungen, der Androhung von Strafe bzw. Konsequenzen und mit tatsächlicher Bestrafung. Meiner Erfahrung nach reagieren gerade kluge Kinder mit eigenen Strategien auf diese Vorgehensweise. »Wenn du nicht aufräumst, gehen wir nicht in den Zoo« wird gekontert mit: »Ist mir doch egal, ich wollte sowieso nicht in den Zoo.« Oder: »Dann gehe ich eben in den Ferien mit Oma in den Zoo.« Belohnungen wirken nur, wenn sie vom Empfänger gewünscht und ansonsten nicht erhältlich sind. Je kleiner die Kinder, desto eher können Eltern mit dieser Vorgehensweise erfolgreich sein. Auf der anderen Seite verstehen kluge Kinder schnell, dass sie durch Belohnungen bestochen werden sollen und erkennen den vorhandenen Verhandlungsspielraum. »Wenn du dich jetzt schnell ausziehst, lese ich dir noch eine zweite Geschichte vor.« »Ich will aber drei Geschichten!« Ich glaube ganz prinzipiell, so zu handeln führt in eine Sackgasse, da es nicht nachhaltig ist. Wichtig ist für mich, dass gewünschtes Verhalten hervorgerufen wird, weil das Kind die Gründe erklärt bekommt und sich z. B. den Eltern zuliebe entscheidet, kooperativ zu sein. Dazu braucht es Eltern, die ihrem Kind authentisch und deutlich sagen, was sie wollen und warum ihnen bestimmte Dinge wichtig sind, und Kinder brauchen Eltern, die sich für Beweggründe interessieren und auf Bedingungen und Drohungen, also auf Machtanwendung, verzichten. Dann kann auf beiden Seiten Empathie entstehen.

▶ *Nach dem Spieltermin können die Kinder aus einer Schublade ein kleines Geschenk auswählen. Mit der Mutter der dreieinhalbjährigen Lara stehe ich im Flur, als sie konstatiert: »Aber ›danke‹ sage ich nicht!« Am nächsten Tag kommt die Mutter allein und ich kann die Begebenheit mit ihr besprechen. Was sagt es uns, wenn Lara so redet?*

1. *Das Konzept hat sie verstanden und weiß, dass es der passende Moment war, sich zu bedanken.*

2. *Sie hat ebenfalls verstanden, dass die Mutter sie dazu nicht zwingen kann.* ◀

Mir sagt es, dass die Mutter Lara in der Vergangenheit wahrscheinlich erinnert und ermahnt hat, danke zu sagen. Was nun tun? Ich glaube, es lohnt sich, mit dem Kind einen ruhigen Moment zu wählen und ihm folgende Erklärung zu geben: »Weißt du, wenn Menschen etwas verschenken, freuen sie sich, ein ›Danke‹ zu hören. Wenn du etwas bekommst und bedankst dich nicht, dann ist mir das unangenehm. Die Frau denkt dann vielleicht, ich habe dir das gar nicht erklärt.« Dabei sollte sie es aus meiner Sicht bewenden lassen und auf eine Änderung hoffen, denn in der Regel wollen Kinder ihren Eltern nicht absichtlich Anlass zu Peinlichkeit geben.

Darauf kommt es an

Erziehung in der Familie und in der Kita

Unterschiedliche Sichtweisen auf ein Kind

Es passiert mitunter, dass ein Kind zu Hause und in der Kita ganz unterschiedlich gesehen wird. Eltern berichten z. B., dass ihr Sohn zu Hause sehr viel spricht, Fragen stellt und selbstbewusst wirkt, während er in der Einrichtung als zurückhaltend und eher einsilbig wahrgenommen wird. Auch umgekehrt kann es sein, dass Erzieherinnen z. B. das Verhalten eines Kindes im Umgang mit anderen als problematisch beschreiben, während die Eltern berichten, dass es beim Spielen mit anderen im häuslichen Umfeld keine Schwierigkeiten gibt. Ich glaube, in beiden Fällen kann es gut sein, dass das Kind in unterschiedlichen Situationen verschiedene Seiten von sich zeigt. Vielleicht hat es durch eine Bemerkung in der Kita den Eindruck gewonnen, dass es nicht gern gesehen wird, wenn z. B. Nicht-Vorschulkinder sich schon für Buchstaben interessieren, und behält seinen Wunsch nun lieber für sich. An den altersgerechten Aktivitäten hat es wenig Interesse und zieht sich daher zurück. Vielleicht passen die anderen Kinder in einer altershomogenen Gruppe auch so wenig zu den Bedürfnissen des Kindes, dass es seine Unzufriedenheit in aggressiven Handlungen ausdrückt, während es im häuslichen Umfeld mit Nachbarn oder Cousins keine Konflikte gibt. Es begegnen mir Konstellationen, bei denen die

Erzieherinnen die Ursachen der Schwierigkeiten in der häuslichen Erziehung sehen und die Eltern wiederum in Verfehlungen, mangelnder Förderung usw. seitens des Erzieherpersonals. Gegenseitige Ungläubigkeit oder Schuldzuweisungen führen da zu keiner konstruktiven Lösung. Es stellt sich unter anderem die Frage der Unterforderung. Könnte es sein, dass ein Kind unzufrieden, unleidlich und aggressiv wirkt, weil es in der Kita nicht genug Anregungen bekommt und dadurch unterfordert ist? Stellt sich unerwünschtes Verhalten in bestimmten Situationen oder bei bestimmten Aktivitäten ein? An welchen Tagen und unter welchen Umständen verläuft alles zur Zufriedenheit? Lässt sich da ein Muster erkennen? Kann man mehr solcher Bedingungen schaffen? Ist das Kind zufriedener, wenn es kleine Aufgaben bekommt, Raum für eigene Projekte und Ideen hat, weniger Handlungsanweisungen hört?

In jedem Fall finde ich es wichtig, aufmerksam den Ursachen für dieses oder jenes Verhalten nachzugehen. Manchmal kann auch ein Wechsel der Einrichtung helfen, etwa weil Regeln und Organisationsformen einer Kita den Bedürfnissen des Kindes besser gerecht werden als die bisherige.

Wie Sie die Entwicklung begabter Kinder unterstützen können

Aus meiner Sicht ist es wichtig, begabten Kindern keine Aufgaben abzunehmen (auch wenn sie freundlich darum bitten), sondern sie dabei verständnisvoll zu begleiten, Dinge selbst zu schaffen. Damit meine ich nicht, das Kind zu überreden. Erwachsene können versuchen zu verstehen, dass sich ein Kind entmutigt fühlt, wenn etwas nicht klappt, und ihm das mit Worten ausdrücken: »Das ist schwierig für deine Finger, den kleinen Knopf durch das Loch zu stecken.« »Du wolltest das so gern ausmalen, ohne über den Rand zu kommen.« »Du ärgerst dich, dass das Murmelmonster die Glassteine nicht wieder ausspuckt, wenn du ihm auf die Wangen drückst.« Kleine Menschen sind viel eher in der Lage, sich weiter anzustrengen und bei der Sache zu bleiben, wenn sie sich bei ihren Schwierigkeiten verstanden fühlen. Eltern versuchen es stattdessen oft mit Anweisungen und Ratschlägen und ernten damit Widerstand und Unwillen. Da sie es mit ihren Bemühungen gut meinen, sind sie entsprechend verletzt und verärgert, wenn das Kind sich mit seinen Mitteln wehrt und widerborstig zeigt. Die folgenden Versuche helfen dem Kind meiner Erfahrung nach nicht: »Halt mal den Stift anders, dann geht das besser.« »Das ist doch nicht so schlimm, wenn du etwas über den Rand gemalt hast.« Auch versuchen Erwachsene, Kinder mit Lob zu beeinflussen: »Das sieht doch schon toll aus!« Auch bei dieser Vorgehensweise gibt es oft Streit, denn das Kind sieht die Dinge ganz anders als der Erwachsene. Insgesamt lässt sich sagen: Je mehr Aufgaben Eltern dem Kind abnehmen, desto mehr sinkt die Frustrationstoleranz und desto mehr lernt es, unliebsame Dinge zu vermeiden oder an andere zu delegieren, anstatt sie selbst in Angriff zu nehmen.

Warum es wichtig ist, dass Kinder lernen, sich selbst zu beschäftigen

Ich finde es wichtig, dass Kinder lernen, sich auch allein zu beschäftigen. Wie gut und wie lang das gelingt, hängt vom Alter und der Vorgehensweise der Erwachsenen ab. Kinder entwickeln verschiedenste Strategien, Eltern und Erzieherinnen in ihre Beschäftigungen einzubeziehen. Es kann für alle sehr unterhaltsam sein, Rollenspiele zu machen und mit Duplo® oder Playmobil® auf dem Teppich zu liegen. Ich halte es für einen guten Weg, wenn Kinder auch lernen, sich allein zu beschäftigen und mit ihrem Tun zufrieden sind. Dabei ist es wichtig, dass ihre Werke (Zeichnungen, Bauwerke etc.) am Ende Beachtung finden und Erwachsene sich dafür interessieren, was das Kind sich ausgedacht hat. Nicht förderlich ist es, wenn ein Kind nur etwas mit sich und seinen Spielsachen anfangen kann, wenn ein Erwachsener daneben sitzt. Dadurch ist es abhängig von dieser Art von Zuwendung und Erwachsene müssen mehr von ihrer Zeit und Energie geben als sie möchten. Je kleiner die Kinder, desto kürzer die Zeit, die sie sich allein beschäftigen können. Aus meiner Sicht ist es günstig, wenn Erwachsene von sich aus ab und zu sehen, womit das Kind spielt und durch Beschreibung (ohne Lob) ihr Interesse zeigen. Das könnte so klingen: »Ach, du hast den Bauernhof aufgebaut. Die Pferde stehen alle zusammen. Um die Schafherde hast du einen Zaun gebaut.« Erwachsenen fällt ebenfalls eine wichtige Rolle zu, indem sie Situationen für Kinder passend

gestalten. Im Restaurant zu erwarten, dass das Kind sich angemessen verhält und nichts macht, was andere stört, geht nur,
wenn es etwas zu tun hat. Die Eltern tragen dafür Sorge, dass
Malsachen, Puzzle und Bilderbuch dabei sind. Das ist viel kon-
struktiver, als das Kind zu ermahnen, nicht mit dem Salzstreu-
er zu spielen und keine Stühle durch das Restaurant zu schie-
ben – und dabei auf taube Ohren zu stoßen.

Verhaltensauffälligkeiten – wie damit umgehen, wie darüber sprechen?

Beim Abholen aus der Kita zwischen Eltern und Erzieherinnen,
auf dem Spielplatz unter Müttern und Vätern, am Kaffeetisch
mit Verwandten: Oft wird im Beisein der Kinder über sie gere-
det.

▶ *In der Eisdiele sitzt der zweijährige Tobi auf dem Schoß der
Mutter und isst sein Eis, während diese ihrer Freundin erzählt: »Es
dauerte keine zwei Minuten, dann hatte Tobi die Schnalle vom
Autositz auf.«* ◀

Ich glaube, der Kleine versteht in diesem Moment: »Was ich
tue, ist so interessant und wichtig, dass meine Mutter es ihrer
Freundin erzählt.« Meines Erachtens steigt dadurch die Wahr-
scheinlichkeit enorm, dass er genau dieses Verhalten wieder
zeigt. Es bestätigt Tobi sozusagen in dem, was er tut. Sicher
möchte die Mutter, dass ihr Sohn angeschnallt im Autositz
bleibt, und bewirkt mit diesem Kommentar im Beisein des Jungen eher das Gegenteil. Erwachsene denken manchmal, dass

Kinder sowieso noch nicht verstehen, was gesagt wird, weil sie noch zu klein sind oder sie das durch ihre Reaktion nicht zu erkennen geben. Ich gehe davon aus, dass gerade besonders begabte, früh sprechende Kinder viel mehr mitbekommen und Schlüsse ziehen, als viele sich vorstellen können. Auch wenn jemand noch klein ist, halte ich es prinzipiell für respektlos und unklug, in seiner Gegenwart zu reden, als sei er nicht da. Darüber hinaus führt es vermutlich dazu, dass das unerwünschte Verhalten dadurch erst recht fortgeführt wird. »Carla hat sich heute mit Conrad gestritten und ihn gebissen.« »Marie hat vorhin mit der Karottensuppe auf dem Tisch gemalt und eine ziemliche Schweinerei veranstaltet.« »Ihr Sohn hat Merlin vom Stuhl geschubst.« In all diesen Situationen haben die Erzieherinnen sicher schon gehandelt, dem Kind etwas erklärt, mit ihm geschimpft. Das gleiche noch einmal beim Erscheinen der Eltern zu hören, ist aus meiner Sicht nicht hilfreich.

TIPP Es gilt für alle Beteiligten zu überlegen, was die Gründe für schwieriges Verhalten sein könnten und wie es positiv zu beeinflussen ist. Elternhaus und Kita sollten immer im Austausch bleiben, allerdings nicht im Beisein der betroffenen Kinder. Sollte das einer von beiden, Pädagogin oder Elternteil, einmal vergessen, wäre für beide die folgende Erklärung passend: »Es ist mir wichtig, ich möchte das gern mit Ihnen besprechen, aber unter uns.«

Umgang mit Konflikten

Konflikte zu Hause

Für Eltern von wortgewaltigen Kindern ist es gar nicht so einfach, sich nicht in endlose, nervenaufreibende Diskussionen zu verstricken. Die Kinder nutzen all ihre sprachlichen, logischen und argumentativen Mittel, um sich mit ihren Bedürfnissen durchzusetzen bzw. sich Gehör zu verschaffen. Aus der Warte der Kinder ist das durchaus verständlich. Ich denke, es ist Aufgabe der Erwachsenen, sich klar zu positionieren und bereit zu sein, den Kindern die eigenen Beweggründe zu erklären. Der Schlüssel dabei ist aus meiner Sicht, sich nicht darüber zu ärgern und provoziert zu fühlen, dass die Kinder nicht »gehorchen«. Dem folgenden Beispiel können Sie entnehmen, wie ich einem Kind zuhöre und mich dann ohne zu drohen mit meinen Wünschen deutlich erkläre. Im Gordon-Konzept heißt das »umschalten«.

▶ *Der fast dreieinhalbjährige Jan betritt meine Praxis. Aus einem Telefonat mit der Mutter weiß ich, dass ihr Sohn für sein Alter ungewöhnlich gut spricht und argumentiert. Sie erwartet, dass er bei mir genauso wie zu Hause seinen Willen durchsetzen will. Auch fürchtet sie, dass er sich auf meine Spielangebote nicht einlässt. Jan entdeckt die kleinen Modellschiffe in meiner Vitrine und sagt, dass er damit spielen möchte. Ich gehe in die Knie, begebe mich so auf Augenhöhe mit ihm und setze zu einer längeren Erklärung an: »Du möchtest gern mit den Schiffen spielen, und die sind nur zum Angucken. Mein erwachsener Sohn ist gerade ausgezogen. Seine Wohnung ist klein, seine Schiffe-Sammlung hat dort keinen*

Platz. Die meisten hat er mir gegeben. Es ist ihm sehr wichtig, dass alle ganz bleiben. Deshalb sind die Schiffe nur zum Ansehen und nicht zum Spielen.« Jan hört mir die ganze Zeit aufmerksam zu und sagt dann: »Ich will mit dem großen blauen Segelschiff spielen.« Er steht vor der Vitrine, die Hand am Türgriff und wartet auf meine Reaktion. Ich sage: »Du überlegst, ob du das Schiff herausnimmst. Das möchte ich auf keinen Fall.« Jan dreht intensiv am Griff, öffnet die Tür aber nicht. Ich: »Wenn der Griff sehr fest zugedreht wird, habe ich Angst, dass das Glas der Tür springt.« Er lässt den Griff los und sagt: »Papa will auch, dass ich mit den Schiffen spiele.« Ich: »Du meinst, dein Vater findet auch, du solltest mit den Schiffen spielen, und ich möchte das nicht.« Jan lässt nicht locker, kommt mit immer neuen Argumenten. Er macht ein böses Gesicht und sagt: »Jetzt bin ich aber richtig böse.« Ich: »Du bist gar nicht einverstanden, dass du nicht mit den Schiffen spielen kannst.« Jan: »Wenn ich nicht mit den Schiffen spielen kann, will ich jetzt gehen.« Ich: »Du hast dir überlegt, dass du dann lieber gehen willst, wenn du nicht mit den Schiffen spielen kannst.« – Pause – »Damit bin ich einverstanden.« In der Tat glaube ich, dass es besser ist, dass Jan geht, wenn er sich auf mein Spielangebot nicht einlassen kann. Meine Aussage ist daher ganz ehrlich gemeint. Jan schaut mich erstaunt an. Seine Wenn-dann-Aussage hat bei mir nicht die erwartete Wirkung getan. Ich überrede ihn nicht zu bleiben. Er denkt einen Moment nach und sagt dann, er möchte doch noch etwas spielen. Ich hole das Buchstaben-Puzzle aus dem Schrank. Danach hat Jan noch an einem weiteren Spiel Interesse. Nach ca. 90 Minuten geht er gut gelaunt bei mir weg. Er hat Spaß gehabt und meine Modellschiffe sind ganz geblieben. ◀

Konflikte im Umfeld

Eltern von Hochbegabten wird häufig unterstellt, dass sie mit ihrem Ehrgeiz ihr Kind mit Wissen füttern, es damit übertreiben und sozusagen mit ihrem Handeln bewirken, dass ihr Kind so ist, wie es ist. Eltern, die kein so wissensdurstiges Kind haben, das an fast allem Interesse hat, begegnen solchen Kindern oft mit Unverständnis. Sie können sich nicht vorstellen, dass der Wunsch, sich mit Themen intensiv zu befassen, vor allem vom Kind selbst kommt. Nicht zuletzt können auch Neid und Eifersucht bei der negativen Einschätzung eine Rolle spielen, wenn das eigene Kind sich ganz anders entwickelt. Eltern nutzen z. B. die Telefonberatung der Deutschen Gesellschaft für das hochbegabte Kind auch, weil sie froh sind, mal mit jemandem über die Fähigkeiten ihres Kindes zu sprechen, ohne Gefahr zu laufen, als überambitioniert abgestempelt oder angefeindet zu werden. Manchmal sind andere Eltern aber auch voller Bewunderung über die Fähigkeiten eines anderen Kindes.

▶ *Beim Abholen eines Fünfjährigen nach einem Kindergeburtstag sagt die gastgebende Mutter: »Wir haben ein Quiz gemacht. Dein Sohn hatte sofort alle Antworten parat, bevor die anderen irgendetwas sagen konnten. Woher hat Pit nur sein ganzes Wissen?«*

»Deine Tochter hat mit meiner heute ein Computerspiel gemacht, das sie nicht kannte. Ruth hat zu den Regeln drei präzise Fragen gestellt und wusste dann genau, wie das Spiel funktioniert.« ◀

Ganz praktisch

Wie Sie besonders begabte Kinder fördern können

Eltern, die bei ihrem Kind eine Hochbegabung vermuten oder aufgrund eines IQ-Tests darüber Gewissheit haben, sind oft voller Sorge. Sie haben Angst, nicht genug zu fördern, Wichtiges zu verpassen, falsche Entscheidungen zu treffen. Manche denken auch, sie könnten ihrem Kind nicht das Wasser reichen und befürchten schwierige Zeiten, da es ihnen argumentativ überlegen ist. Ich glaube, es braucht kein ausgeklügeltes Förderprogramm, sondern nur bedürfnisorientiertes, pädagogisch bewusstes Handeln und Erziehen mit Blick auf die Individualität des Kindes.

EXKURS: IQ-Test ja oder nein?

Eltern berichten mir am Telefon, die Erzieherin habe geraten, den Sohn oder die Tochter testen zu lassen. Es bestehe die Vermutung einer Hochbegabung. Ich meine, es lohnt sich, vorher zu überlegen, welche Erwartungen sich an Testung und Ergebnis knüpfen. Was, wenn das Kind sich als hochbegabt herausstellt, was, wenn nicht? Ich erkundige mich danach, was sich in Kita und Familie ändern wird, wenn es einen Nachweis über Hochbegabung gibt. Würde die Kita dem Kind andere Aktivitäten ermöglichen? Dürfte es an der Vorschulgruppe teilnehmen und sich offiziell für das Alphabet interessieren, auch wenn es nicht demnächst schulpflichtig wird? Gehen die Eltern öfter mit ihm ins Museum und leihen mehr Bücher aus, um dem Wissensdurst des Kindes zu begegnen? Ich glaube, auch ohne IQ-Test müsste es möglich sein, dem Kind und seinen Bedürfnissen gerecht zu werden, wenn diese erkannt sind. Es gibt dazu andere Sichtweisen, ich persönlich rate Eltern nicht dazu, ihr unter Sechsjähriges einem IQ-Test zu unterziehen.

Die Kenntnis über einen überdurchschnittlichen IQ in so jungen Jahren hat wenig Aussage für die Zukunft. Meiner Erfahrung nach kann es eher dazu führen, dass Erwachsene daraus für das Kind und seine Umwelt unzuträgliche Schlüsse ziehen. Im Zuge meiner Telefonberatung für die DGhK sagen Eltern oft, dass es Probleme gab und sie auf der Suche nach Gründen einen IQ-Test durchführen ließen. Mit einem entsprechenden Test-Ergebnis denken die Eltern dann häufig erleichtert, die Ursache für alle Schwierigkeiten gefunden zu haben. Wie anfangs erwähnt bin ich davon überzeugt, dass die meisten hochbegabten Menschen nicht automatisch Probleme haben. In jedem Fall lohnt es sich, auch andere mögliche Ursachen im Blick zu behalten. Bei individuellen Erziehungsberatungen zum Thema Hochbegabung erfahre ich z. B., dass die Probleme mit dem Umzug der Familie begannen, es einen Erzieherwechsel gab, die Eltern sich trennten oder ein Geschwisterkind geboren wurde. All diese Dinge können einen kleinen Menschen aus der Bahn werfen und zu Unsicherheit, Unglück und Unzufriedenheit beim Kind und seinem Umfeld führen. Zu denken, dass ein überdurchschnittlicher IQ in jedem Fall die Hauptursache für die Schwierigkeiten ist, muss keineswegs zutreffen.

Wichtige Entscheidungen im Sinne des Kindes treffen

Auswahl der Einrichtung

Für Kinder mit Entwicklungsvorsprung eignen sich aus meiner Sicht altersgemischte Gruppen, die die Möglichkeit bieten, mit Älteren Kontakt aufzunehmen, die komplexer sprechen und mehr verstehen als Gleichaltrige. Auch ein offenes Konzept, bei dem die Aktivitäten vom Kind selbst gewählt werden, halte ich für zuträglich. Es wäre günstig, wenn Sachbücher zur Verfügung stehen. Meiner Erfahrung nach interessieren sich viele begabte Kinder für Themen aller Art und schauen mit großer Ausdauer und Begeisterung bebilderte Bücher an. Um dem Interesse an Buchstaben entgegenzukommen, können Anlaut-Poster und Anlauttabelle zur Verfügung stehen, genauso wie Papier und Stifte zur freien Benutzung. Es könnte kleine Leseaufträge geben, wie z. B. zu entziffern, was es zum Mittagessen gibt. Oder die Erzieherin bietet ein Suchspiel an: Auf einem Zettel steht in einfachen Worten deutlich geschrieben, wo ein bestimmter Gegenstand zu finden ist. Es gibt noch andere Aktivitäten, z. B. verschiedenfarbige Glasperlen oder bunte Klötze nach Farben sortieren, die Anzahl vorher abschätzen, die Schätzung aufschreiben und dann abzählen und vergleichen. Das passt für Kinder, die sich früh für Zahlen interessieren und gern zählen wollen. In diesen Themenbereich fallen auch das Wiegen mit Küchen- oder Briefwaage sowie das Messen mit einem Zollstock oder Zentimetermaß. Die Idee ist wieder die gleiche: Es wird vor dem Wiegen oder Messen eines Objektes eine Schätzung abgegeben und vermerkt, dann wird das Resultat mit der Schätzung verglichen. Das hat mehrere Vorteile: Das Kind ist beschäftigt, es denkt über seine Schätzung nach und entwickelt durch den anschließenden Vergleich langsam einen Zahlenbegriff. Außerdem übt es mit dem Stift in der Hand etwas schriftlich festzuhalten und schult so die Auge-Hand-Koordination. Um die Aktivität anzuleiten, könnte die Erzieherin eine kleine Liste von Gegenständen erstellen, die geschätzt und dann gewogen und/oder gemessen werden (ein Löffel, ein Buch, ein Spielzeug …) Wie ich finde, sollten alle diese Angebote für alle Kinder gelten. So wird sich herausstellen, welche Jungen und Mädchen sich davon besonders angesprochen fühlen.

In manchen Einrichtungen wird bis zu einem bestimmten Alter der Kinder darauf Wert gelegt, dass Mittagsschlaf gehalten wird. Für viele Kinder ist das passend, sie brauchen die Auszeit, um bis zum Abend durchzuhalten. Für manch ein wissbegieriges Kind, das sich gar nicht müde fühlt und gern weiter aktiv wäre, kann es eine Quälerei sein, liegen zu müssen, nicht schlafen zu können und nichts zu tun zu haben – in diversen Checklisten ist zu finden, dass geringes Schlafbedürfnis ein Indiz für Hochbegabung sein könnte. Auf jeden Fall glaube ich, dass es wichtig und möglich ist, hier eine Lösung zu finden, die für alle passt. Die Kinder, die schlafen wollen, dürfen nicht gestört werden. Die anderen dürfen sich in einem anderen Raum mit Kopfhörer und Hörspiel oder einem Buch allein ruhig beschäftigen. Die Erzieherinnen stehen in dieser Zeit für Fragen und Aktivitäten nicht zu Verfügung. Ich meine, das ist eine Regel, die Kinder verstehen können.

Einschulungszeitpunkt

Je nachdem, in welchem Bundesland Sie leben, gelten unterschiedliche Stichtage für den Einschulungszeitpunkt. Bei Kindern mit Entwicklungsvorsprung und Interesse an Buchstaben und Zahlen ist zu überlegen, sie früher einzuschulen als es die Schulpflicht vorsieht. Manch eine Erzieherin plädiert dafür, dem Kind durch eine solche Entscheidung nicht die Kindheit zu verkürzen und ihm noch ein Jahr länger sorgenfreies Spiel zu gönnen (bevor der Ernst des Lebens beginnt …) Wissbegierige Kinder wollen sich aber oft mit schulischen Inhalten befassen, lösen gern Aufgaben in Vorschulheften usw. Sie empfinden dabei Zufriedenheit und die Aufgaben nicht etwa als Last. Manchmal wird von vorzeitiger Einschulung auch deshalb abgeraten, weil das Sozialverhalten des Kindes zu wünschen übrig lässt, ihm vermeintlich die emotionale Reife fehlt. Hier gilt es zu überlegen, ob die Probleme durch nicht mehr passende Angebote und Unterforderung entstehen könnten. Eine vorzeitige Einschulung muss nicht für jedes Kind passen, es lohnt sich aber, sie in Erwägung zu ziehen. Das ist speziell dann der Fall, wenn das Kind durch die Einschulung anderer seine

Spielpartner verliert und noch ein weiteres Jahr mit den Jüngeren verweilt. Ist eine vorgezogene Einschulung wegen des Geburtsdatums des Kindes nicht möglich, kann es helfen, zur Überbrückung die Einrichtung zu wechseln. Andere Kinder, andere Spiele und Aktivitäten, andere Räumlichkeiten und anderes Erzieherpersonal können dazu beitragen, das letzte Kita-Jahr abwechslungsreicher und interessanter zu gestalten. Ich finde, bei der Einschulung sollte noch etwas übrig sein, das es zu lernen gilt. Kinder entwickeln sich rasant, es ist schwer, sich vorzustellen, wie ein Kind, dass bezüglich seiner Interessen, Selbstständigkeit und Geschicklichkeit schon fast schulreif scheint, ein Jahr später sein wird. Für Lehrer ist es nicht leicht zu differenzieren und angemessene Aufgaben zu finden, wenn Schulanfänger schon lesen, schreiben und rechnen können. Daher kann die vorzeitige Einschulung für besonders begabte Kinder eine günstige Entscheidung sein.

Individuelle und soziale Entwicklung fördern

Die Frage der Unterforderung

Bei einem Kind, das in der Kita unzufrieden und gelangweilt scheint, lohnt es sich, der Frage nachzugehen, ob andere Angebote und Aktivitäten Abhilfe schaffen könnten. Ist das Kind schon lang in der gleichen Einrichtung, kennt es bereits alle Spiele? Haben die Puzzles zu wenige Teile und bieten deshalb keine Herausforderung? Würde das Kind gern Bücher ansehen, aber dazu gibt es keine Möglichkeit? Möchte das

Kind gern Zahlen und Buchstaben schreiben, wird mit seinem Ansinnen aber auf die Schulzeit vertröstet? Vielleicht begründet sich darin die vom Kind beklagte Langeweile. Andererseits nutzen Kinder das Argument der Langeweile auch aus anderen Gründen.

▶ *Die viereinhalbjährige Mia spielt gern mit und konzentriert sich auf die verschiedenen Aktivitäten. Am Ende des ca. 90-minütigen Termins zeige ich ihr noch ein Legespiel. Es gilt, die passenden Teile so zu legen, dass sie eine geschlossene Figur wie einen Kreis oder ein Oval ergeben. Nach jeder gefundenen Lösung wird das Spiel komplexer, ein weiteres Teil kommt hinzu. Mit drei und vier Teilen findet Mia die Lösung, mit fünf will sie nicht mehr weitermachen und sagt: »Jetzt wird das hier aber langsam langweilig!« Mir ist klar, dass die Kleine keine Energie mehr hat. Das ist aus meiner Sicht völlig legitim. Hätte ich das Spiel am Anfang angeboten, wäre sie vermutlich in der Lage gewesen, die Lösungen höherer Stufen zu finden. Am nächsten Tag kommen die Eltern alleine und ich kann mit ihnen besprechen, dass es hier ganz sicher nicht um Langeweile ging. Es ist Ausdruck des Wunsches der Kleinen, die Aktivität zu beenden.* ◀

In Bezug auf kluge Kinder stellt sich für viele Erwachsene ja fast automatisch die Frage der Unterforderung. Findet ein Kind eine Aufgabe langweilig und will sie deswegen nicht erledigen? Was heißt das genau? Kann es schon, was geübt werden soll? Ist es unmotiviert, weil die Herausforderung fehlt? Es lohnt sich in jedem Fall, sich dafür zu interessieren, wie die Sachlage wirklich ist. Kinder entwickeln ein Gefühl dafür, mit welcher Strategie oder Begründung sie erfolgreich sind. Schrillen bei den

Eltern immer sofort die Alarmglocken, wenn das Kind etwas als langweilig bezeichnet, und bieten dann schnell etwas Neues an? Denken die Eltern, es ist ein Zeichen von Intelligenz, wenn ein Kind schnell nach immer neuen Aktivitäten verlangt?

Passende Kontakte zu anderen Kindern
Für Kinder mit ungewöhnlichen Interessen und komplexer Sprache ist es manchmal schwierig, mit »normalen« Gleichaltrigen zurechtzukommen. Laut Normalverteilung gibt es unter der Bevölkerung 2 % Hochbegabte. Das heißt in vier Gruppen à 25 Kindern gibt es statistisch gesehen zwei weit überdurchschnittlich Begabte. Das heißt nicht, dass das tatsächlich auch zutrifft, denn das ist ja nur eine theoretische Überlegung. Indem sie ihr Kind z. B. an Aktivitäten einer Kindergruppe oder Kursangeboten der DGhK oder anderen Hochbegabtenvereinen teilnehmen lassen, können Eltern helfen, dass sich ihr Kind mal als eins unter Ähnlichen fühlen kann. »Nicht nur ich gehe begeistert ins Museum und will ganz viel erfahren, andere tun das auch.« Das kann eine wohltuende wie auch regulierende Wirkung haben: 1. »Ich bin nicht anders und deshalb falsch, es gibt andere wie mich.« 2. »Ich bin nicht immer der Beste, es gibt andere, die mir das Wasser reichen können.« Eltern können auch versuchen, über andere Wege passende Spielpartner für ihr Kind zu finden. Väter und Mütter, deren Kinder einen deutlichen Entwicklungsvorsprung aufweisen, entwickeln häufig einen recht guten Blick dafür, welche anderen Kinder im Familien- und Freundeskreis oder auf dem Spielplatz mit dem eige-

nen Kind und seinen Interessen harmonieren würden. Da kann es sehr hilfreich sein, ihm Treffen mit solchen Familien zu ermöglichen.

▶ *Die Hort-Erzieherin empfängt die Mutter des Erstklässlers mit der folgenden Begebenheit: Sie hat mit den Kindern »Stadt-Land-Fluss« gespielt. Gesucht wurde ein Kleidungsstück mit T. »Toga«, sagt Paul wie selbstverständlich. »Hä? Was ist das denn?« Die anderen haben keine Ahnung, wovon er redet. »Na, das ist doch das Kleidungsstück, das die Römer über den Schultern tragen«, erklärt er unbedarft. Ihm ist nicht klar, dass die anderen noch kein Bild von Römern gesehen und den Begriff Toga noch nie gehört haben.* ◀

Der Vergleich mit den anderen

Besonders begabte Kinder können wie gesagt durch ihr anderes Verhalten auffallen. Oft sind sie im Vergleich zu Gleichaltrigen schneller und einfallsreicher, verfügen über mehr Wissen, drücken sich präziser aus, können sich Sachverhalte besser merken und wiedergeben usw. Aus meiner Sicht ist es nicht günstig, die Fähigkeiten von Kindern miteinander zu vergleichen. Dies betrifft den Schulkontext genauso wie die Familie. Erwachsene denken mitunter, dass sie den Ehrgeiz eines Kindes anstacheln können, indem sie die Leistungen von anderen (Geschwister-)Kindern hervorheben. Das führt meiner Ansicht nach fast zwangsläufig zu Spannungen und belastenden Konkurrenzgefühlen unter den Beteiligten. Ich finde es wichtig, dass jeder Lerner die Möglichkeit hat, seine eigenen Fähigkeiten unabhängig von den Ergebnissen anderer zu entwickeln. Der Vergleich mit den Leistungen anderer hängt ja z. B. auch vom Niveau der Gruppe ab. In einer leistungsschwachen Klasse steht ein mittelmäßiger Schüler gut da. Die Leistungen des gleichen Schülers in einer sehr leistungsstarken Klasse wirken eher mittelmäßig.

▶ *Die gerade vierjährige Kaja kommt zum Spieltermin. Sofort fängt sie selbstbewusst ein Gespräch mit mir an. Ihre Ausdrucksweise erinnert mich eher an eine Sechsjährige. Ein Spiel mit Rechenstäbchen liegt auf dem Tisch, normalerweise hat das großen Aufforderungscharakter für die Kinder. Kaja wirft einen Blick darauf und lehnt ab, es auszuprobieren. Im Laufe unseres Termins habe ich noch mehrmals den Eindruck, dass sie Angst hat, sich auf Neues einzulassen, wenn sie nicht vorher sicher ist, dass sie das kann. Beim Nachgespräch ohne das Mädchen erfahre ich von den Eltern, dass die Erzieherinnen häufig hervorheben, wie gut Kaja z. B. beim Memory®-Spielen ist. Da wird kommentiert: »Kaja steckt die Älteren alle in die Tasche.«* ◀

Ich glaube, es ist verständlich, dass Kaja das Image des klugen, erfolgreichen Mädchens nicht aufs Spiel setzen will und sich deshalb nicht auf das Risiko einlässt, etwas nicht zu können oder Fehler zu machen. So lernt sie aber nichts Neues.

Für mich ist es enorm wichtig, dass Kinder den Mut haben, sich Herausforderungen zu stellen. Wenn sie nur das tun, was sie ohnehin können und alles andere vermeiden, werden sie ihr Potenzial nicht nutzen können. Erwachsene haben hier eine wichtige Rolle, indem sie vermitteln, dass Üben und Wiederholen zum Ziel führt und das Gehirn so lernt. Kinder sollten erfahren, dass es nicht peinlich, sondern normal ist, beim Lernen Fehler zu machen.

▶ *Im Urlaub treffe ich die Mutter von inzwischen 12-jährigen Zwillingen. Als die Jungen noch klein waren, erzählt sie, hat sie die beiden dazu animiert, beim Anziehen der Erste zu sein. Sie dachte, dass sie damit das Tempo der Kinder beschleunigen kann, wenn sie zum Wettkampf aufruft. Nach all den Jahren hat einer der Zwillinge den Wunsch nie mehr abgelegt, bei allem der Erste und Beste zu sein, er wetteifert ständig mit dem Bruder und allen anderen Kindern. Ist er nicht der Erste oder Beste, ist er entsprechend unglücklich und wird unleidlich. Zum Teil greift er zu unfairen, unehrlichen Mitteln, um sein Ziel zu verfolgen. Die Mutter merkt, wie sehr er ständig unter Druck steht. Im Nachhinein bedauert sie unendlich, das erzieherische Mittel des Vergleichs angewendet zu haben.* ◀

Eine unbedenkliche Form von Konkurrenz ist aus meiner Sicht hingegen die Bemühung, sein Bestes zu tun, um z. B. bei einem Gesellschaftsspiel oder im Sport zu gewinnen. Da gilt es Strategien zu entwickeln und zu trainieren. Am Ende sind es bestimmte Kriterien, die über Gewinnen und Verlieren entscheiden, z. B. Wer geht als erster über die Ziellinie? Wer hat die meisten Punkte?

Korrigieren

Den Kindern, mit denen ich zu tun habe, macht es oft Spaß zu zählen und zu rechnen, und sie tun dies viel früher als andere Kinder. Wenn sie beim Abzählen z. B. die Sieben auslassen, fühlen sich die Eltern meistens aufgerufen, dem Kind zu sagen, wie es richtig ist. Das passiert manchmal schon bei Eineinhalbjährigen. Ich glaube, diese Vorgehensweise vermittelt dem Kind: »Wenn du etwas machst, muss es immer gleich richtig sein.« Damit wird ihm vielleicht ein Fehlerkonzept vermittelt, das es zukünftig daran hindert, sich auf Herausforderungen einzulassen, bzw. es besonders unglücklich sein lässt, wenn etwas eben nicht perfekt ist. Ich finde es nicht schlimm, wenn ein kleines Kind in meiner Praxis beim Abzählen der Glassteine eine Zahl auslässt und gehe darüber einfach hinweg. Es hat noch so viel Zeit, alles zu lernen, da kann ich darauf vertrauen, dass es die Reihenfolge irgendwann hinbekommt. Erst wenn ein Kind kurz vor der Einschulung beim Zählen systematisch immer wieder die 14 auslässt, lohnt es sich, ihm das zu sagen. Das Gleiche gilt für das Schreiben. In der Schule wird später noch genug korrigiert und da hat es auch seinen Stellenwert. Wenn das Kind dabei Spaß hat, Worte abzuschreiben, oder selbst etwas schreibt, reicht es im Vorschulalter, dem Tun Beachtung zu schenken und auf fehlende Buchstaben nicht weiter einzugehen. Sollte das Kind von sich aus wissen wollen, ob etwas richtig geschrieben ist, würde ich das Wort aufschreiben und dem Kind überlassen, die beiden Versionen zu vergleichen.

Perfektionismus

Eltern berichten mir oft, dass ihre Kinder perfektionistische Züge aufweisen. Was heißt das genau? Sie haben eine bestimmte Vorstellung, wie etwas sein soll und sind unzufrieden, wenn das nicht der Fall ist. Da wird z. B. an einem Bild manchmal endlos radiert, weil das Resultat nicht gefällt. Wenn man das positiv betrachten möchte, könnte man auch sagen: Das Kind strebt nach Exzellenz. Was es tut, soll möglichst gut werden und seinen Vorstellungen entsprechen. Eltern finden das mitunter schwer mitanzusehen und wollen in solchen Situation gern eingreifen, indem sie das Kind daran hindern wollen, alles wieder auszuradieren oder ein Bild wegzuwerfen. Sie sagen, dass sie sich das schöne Bild an den Kühlschrank hängen möchten, dass es nicht schlimm ist, wenn das Hausdach schief ist usw. Ich bin der Meinung, dass diese Vorgehensweise eher zu Auseinandersetzungen führt. Das Kind hat eine eigene Einschätzung und der Erwachsene setzt seine Sicht der Dinge über die des Kindes, versucht ihm sozusagen sein Problem auszureden. Viel mehr würde es dem Kind helfen, wenn es hören würde: »Du bist noch nicht zufrieden mit deinem Werk. Das Segel vom Schiff gefällt dir nicht. Jetzt überlegst du, wie du das anders hinbekommst.«

Lernchancen lassen

Aus meiner Sicht ist es wichtig, Kindern beim Lernen ein guter Begleiter zu sein. Sie sind am zufriedensten, wenn sie sich selbst als kompetent empfinden und wissen, dass sie ohne fremde Hilfe etwas bewerkstelligen können. Erwachsene sind oft versucht, Kindern Sachverhalte zu erklären, Lösungen aufzuzeigen und Ratschläge zu geben. Sie wollen sie mit ihren Hinweisen »zum Nachdenken anregen«. Gerade in bildungsnahen Elternhäusern spielen die Väter und Mütter häufig eine sehr aktive Rolle bei den Beschäftigungen der Kinder. Die Eltern wollen ihre Sache gut machen und den Kindern etwas beibringen, ihnen zeigen, wie es geht. Sitzt ein Kind das erste Mal vor einem Puzzle, hört es: »Such doch mal die Ecken und die Randteile.« Nach dem Grund für diese Art der Unterstützung gefragt, sagen Eltern, dass das Kind schneller zum Erfolg kommen soll, ihm Frustration erspart bleibt, dass sie Angst haben, dass das Kind sonst nicht bei der Sache bleibt. Was die Eltern aber aus meiner Sicht tun und sich dessen gar nicht bewusst sind, ist, dem Kind eine Lernchance zu nehmen. Es hat keine Gelegenheit, selbst zu entdecken, dass die Puzzleteile unterschiedlich aussehen und zu überlegen, ob das wichtig sein könnte. Prinzipiell gibt es ja durchaus unterschiedliche Vorgehensweisen beim Zusammensetzen von Puzzles. Man kann auch in der Mitte anfangen, sich eher an der Form der Teile oder an den Farben und Bildern orientieren.

Eltern berichten mir nicht selten, dass ihre klugen Kinder sich vehement dagegen wehren, von anderen belehrt zu werden. Es gibt dann zum Teil richtig Streit, die Erwachsenen sind verletzt und ratlos. Sie meinen es gut, aber das Kind empfindet das Vorgehen als Einmischung und will Ratschläge und Hinweise nicht annehmen. Manche Kinder machen auch das komplette Gegenteil von dem, was ihnen vorgeschlagen wird. Ich glaube, Kinder freuen sich durchaus, wenn Erwachsene Interesse an ihrem Spiel haben und ihren Aktivitäten Beachtung schenken, es ist nur die Frage, auf welche Weise das am konstruktivsten verläuft. Wenn ich dazu beitragen möchte, dass ein Kind sich die Form der Puzzleteile genauer ansieht und daraus vielleicht einen Schluss zieht, könnte ich beschreiben: »Die Puzzleteile sehen ja gar nicht alle gleich aus.«

▶ *Die vierjährige Anja will bei mir in der Praxis mit einer Schablone zeichnen. Sie wählt einen Stift, der nicht in den schmalen Schlitz passt. Ich beschreibe, was ich sehe: »Der dicke Stift passt da nicht rein.« (Das hatte sie auch schon bemerkt.) »Jetzt überlegst du, was du machst.« Anja schaut an die Decke und spricht zu sich selbst: »Jetzt überlege ich, was ich mache.« (Das hatte wohl noch nie jemand zu ihr gesagt.) Nach ein paar Sekunden strahlt sie und verkündet: »Ich nehme einen dünneren Stift!«* ◀

Anstrengung lernen

Besonders begabte Kinder haben in ihrer frühen Entwicklung häufig keine Veranlassung sich anzustrengen und auf diesem Wege das Lernen zu lernen. Durch ihr gutes Gedächtnis, ihre schnelle Auffassungsgabe und ihr oft vorhandenes eigenes großes Interesse an unterschiedlichsten Themen fällt ihnen vieles einfach zu. Die meisten normal begabten Kinder müssen z. B. das Lesen üben und merken dabei: Ich kann es nicht. Es ist mühselig, sich die Buchstaben zu merken, sie zusammenzuziehen und nach dem Wortsinn zu suchen. Mit genügend Zeitaufwand und Übung führt das aber zum Erfolg. Im besten Falle entnehmen die Kinder aus dieser Erfahrung, dass sie mit genügend Einsatz auch andere Herausforderungen meistern können, selbst wenn das am Anfang nicht so aussieht. Viele der begabten Kinder, die mir begegnen, interessieren sich früh und selbstbestimmt für Buchstaben, erkennen das Prinzip der Anlaute, können sich die abstrakten Buchstabensymbole schnell merken und lernen ohne große Mühe zu lesen. Vor allem wollen sie in der Regel wissen, was da steht, um den Texten interessante Informationen zu entnehmen. Das heißt, sie sind von sich aus motiviert, sich mit dem Lesen zu befassen.

Ein paar Worte zum Schluss

Plädoyer für Vertrauen ins eigene bewusste pädagogische Handeln

Meiner Meinung nach ist die größte Hürde für begabte Kinder, den Herausforderungen, die sie nicht sofort meistern können, mit Ausdauer und Durchhaltevermögen zu begegnen. Wenn Kinder nur das in Angriff nehmen, was ihnen ohnehin leicht fällt und gleich aufgeben, wenn etwas nicht sofort gelingt, können sie ihr Potenzial nicht entfalten. Das können Herausforderungen ganz unterschiedlicher Art sein: auf dem Instrument ein Stück üben, leserlich etwas schreiben, Tischtennisaufschläge oder das Stricken üben oder oder oder. Wichtig ist, die Erkenntnis zu gewinnen, dass Üben zum Erfolg führt. Dafür können Eltern und Erzieherinnen die passenden Bedingungen und Gelegenheiten schaffen. Wenn Erwachsene Kindern Aufgaben abnehmen oder ihnen Hürden aus dem Weg räumen, nehmen sie ihnen die Chance, über sich selbst hinauszuwachsen, und senken die Frustrationstoleranz des Kindes.

Damit begabte Kinder sich gut entwickeln und ihr Potenzial ausschöpfen können, brauchen sie verständnisvolle Begleiter, die ihnen ihre Lernchancen lassen, die zuversichtlich sind, dass Kinder bei Schwierigkeiten eigene Lösungen finden können und die darauf vertrauen, dass Kinder ohne Lob und Bewertung ihre eigenen Kriterien finden werden, um selbst zu beurteilen, ob sie mit ihren Ergebnissen zufrieden sind. Dann sind aus meiner Sicht die Voraussetzungen gegeben, dass aus begabten Kindern selbstbewusste, von anderen unabhängige, zufriedene Erwachsene werden, die sich ihre Begeisterung für das Lernen erhalten.

CHECKLISTE

Darauf können Sie im Umgang mit besonders begabten Kindern achten:

- Kontakte mit ähnlich interessierten und befähigten Kindern ermöglichen
- In der Erziehung auf wenn-dann verzichten und Machtkämpfe vermeiden
- Interessen und Bedürfnisse kindgerecht berücksichtigen
- Eigene Bedürfnisse als Eltern/Erzieherin dem Kind gegenüber vertreten
- Lernchancen belassen und nicht die Lehrfunktion übernehmen
- Auf den Vergleich mit anderen Kindern verzichten
- Auf bewertendes Loben verzichten
- Anstrengungsbereitschaft des Kindes unterstützen ohne zu überreden
- Darauf vertrauen, dass Kinder auch ohne Hilfe und Anweisungen Lösungen finden
- Kriterien für erfolgreiche Ergebnisse benennen

Literatur und Leseempfehlungen

Bronson, Po / Merryman, Ashley (2010): 10 schockierende Wahrheiten über Erziehung. München: Riemann

Colvin, Geoff (2009):Talent wird überschätzt: Welche Erfolgsfaktoren wirklich zählen. München: Ariston

Dweck, Carol (2009): Selbstbild: Wie unser Denken Erfolge und Niederlagen bewirkt. München: Piper

Gladwell, Michael (2010): Überflieger: Warum manche Menschen erfolgreich sind – und andere nicht. München: Piper

Gordon, Thomas (2012): Familienkonferenz: Die Lösung von Konflikten zwischen Eltern und Kind. München: Heyne

Autoren-info

Bettina Zydatiß hat eine abgeschlossene Ausbildung für das Lehramt an Gymnasien. Seit 2003 berät sie freiberuflich als »Berliner Begabten-Beratung« Familien mit hochbegabten Kindern sowie deren Lehrer/-innen und Erzieher/-innen. Seit 2010 vermittelt sie darüber hinaus in Kursen für Eltern und Lehrer/-innen das Erziehungskonzept von Thomas Gordon, das auf den Einsatz von Belohnung und Strafe verzichtet.